테리의 귀여운 동물사전

권태양 지음 권아영 그림

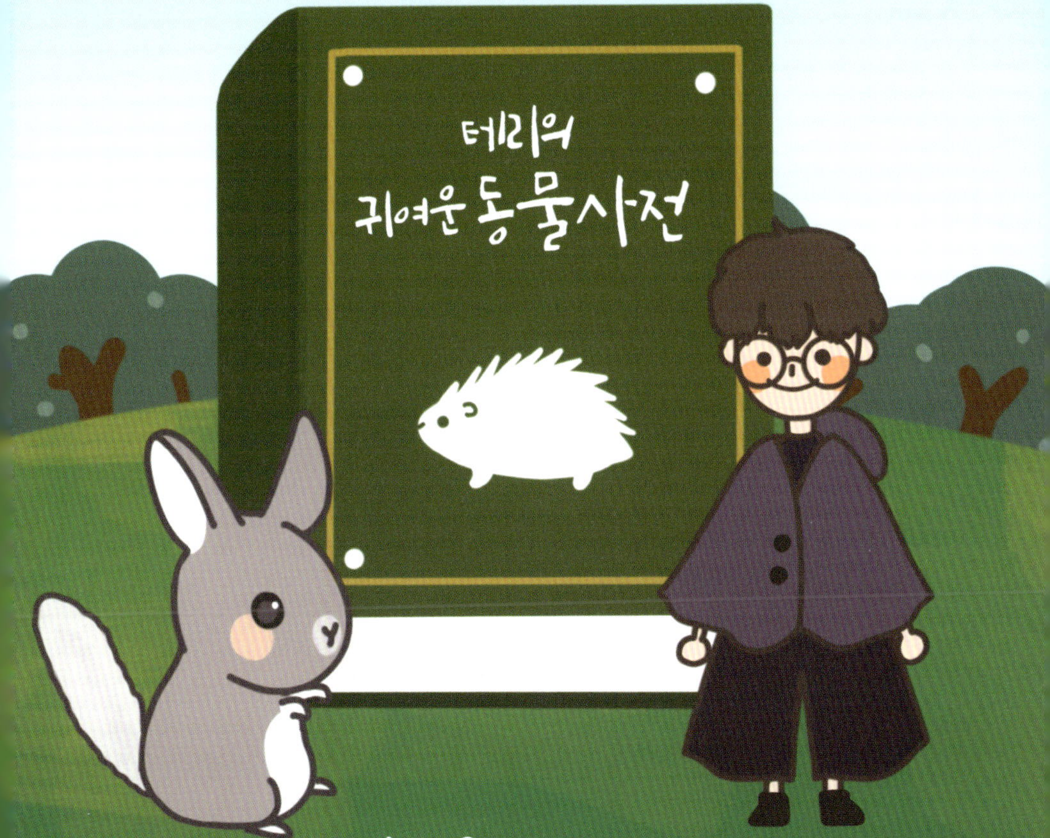

도서출판나임

테리와 함께 귀여운 동물 사전의
세계로 떠나 볼까요?

그러면 처음 만나볼 동물은 어떤 동물일까요?

친칠라

이 동물의 이름은 친칠라예요.
친칠라는 털이 무척 부드러운 동물이에요.

먹는 것

친칠라는 열매, 씨앗, 건초
그리고 꽃을 좋아해요.
꽃 중에서도 선인장 꽃을 제일 좋아한대요.

건초

씨앗

열매

선인장 꽃

사는 곳

친칠라를 야생에서 만나려면 칠레라는 나라로 가야 해요. 친칠라는 칠레의 산이나 바닷가에 살고, 굴이나 바위 틈에 살아요.

특징

친칠라는 포유류 중에서 털이 제일 많대요. 알약 만한 크기($1cm^2$)에 털이 20,000개가 있을 정도이니까 정말 많죠? 또 친칠라의 털은 사람의 머리카락보다 30배나 부드러워요.
하지만 친칠라는 털이 많아서인지 땀을 흘릴 수 없어서 25도 이상의 온도에서는 살기 힘들어 해요.

친칠라는 똑똑해서 구르기 같은 개인기를 할 수도 있어요. 그리고 친칠라마다 성격이 모두 달라서 편식을 하는 친구도 있고, 게으른 친구도 있고, 사람을 좋아하는 친구도 있어요.

다음에 만나볼 동물은 어떤 동물일까요?

벌새

이 동물의 이름은 벌새예요.
벌새는 화려한 색깔의 깃털을 가진 아주 작고 귀여운 새여서 계속 보고 싶어져요.

먹는 것

벌새는 새우 풀, 장미와 같은 꽃의 꿀을 좋아해요. 벌새는 사람이 만들어준 설탕물을 먹는 것도 좋아해요.
어떤 벌새는 곤충을 먹기도 한대요.

새우 풀

장미

곤충

설탕물

그리고 벌새는 빨간색 물건이면
무엇이든 좋아해요.
그 물건을 빨간 꽃으로 착각해서 그런 거래요.

사는 곳

벌새는 미국, 캐나다, 멕시코가 있는 아메리카 대륙에만 산다고 해요. 아메리카 대륙 중에서도 서쪽 해안 근처에서 주로 지내요.
벌새는 나뭇가지에 둥지를 만들어서 생활해요.

아메리카

둥지

특징

대부분의 벌새는 몸무게가 3g 정도인데 이 무게는 A4 종이(4.7g)보다 가벼운 무게예요. 세계에서 가장 작은 새는 꿀벌 벌새래요. 다 자란 꿀벌 벌새의 몸무게는 1.8g이고, 길이는 5cm예요.

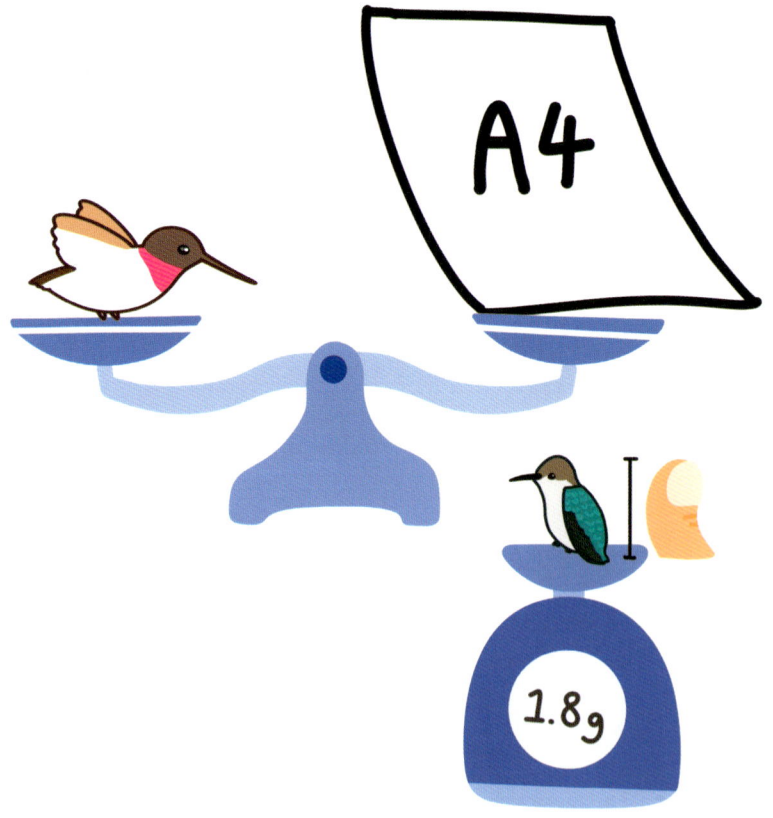

혹시 벌새의 혀를 본 적이 있나요?
벌새의 혀는 엄청 길고 얇게 생겼어요.
너무 신기하죠?
벌새가 가끔 혀를 날름거리는데 꿀을 먹으려고
준비하는 거래요. 벌새가 혀를 날름거릴 때는
마치 물총을 쏘는 것처럼 보여요.

벌새는 크기에 따라서 1초에 15번 날갯짓하는 벌새가 있고, 1초에 80번 날갯짓하는 벌새도 있어요. 벌새는 날고 있을 때 심장이 1분에 1,260번 정도 뛴대요. 건강한 사람은 심장이 보통 1분에 60번에서 100번 정도 뛴다고 하는데, 벌새의 심장은 정말 많이 뛰죠?

다음에 만나볼 동물은 어떤 동물일까요?

쿼카

이 동물의 이름은 쿼카예요.
쿼카는 세상에서 가장 행복한 동물이래요.

쿼카의 귀엽고 해맑은 모습 때문에 뽀로로에 나오는 루피가 쿼카인 줄 아는 사람들이 있지만, 사실 루피는 쿼카가 아니고 비버예요. 쿼카는 캥거루와 친척이에요.

캥거루

먹는 것

쿼카는 초식 동물이어서 사초, 풀잎, 나뭇잎, 꽃잎을 잘 먹어요. 그 중에서도 쿼카는 무궁화의 친척인 귀체노티아 레디폴리아 (Guichenotia Ledifolia)를 제일 좋아해요.

풀잎

사초

귀체노티아 레디폴리아

나뭇잎

사는 곳

쿼카가 보고 싶으면 호주 남서쪽에 있는 로트네스트 섬으로 가면 돼요. 로트네스트 섬에는 멸종 위기 동물들을 보호하기 위해서 고양이와 여우가 살지 못해요. 호주에는 고양이와 여우가 살지 못하는 섬이 590개나 있대요. 쿼카는 주로 밤에 활동하고, 낮에는 나무 그늘에서 지내요.

로트네스트 섬

특징

단단한 몸을 가진 쿼카는 키가 작은 캥거루처럼 보여요. 그래서 나무 위로 올라 갈 수 없을 것 같지만, 쿼카는 자신의 키보다 3배 정도 높은 나무 위로 올라갈 수 있어요. 쿼카는 더위를 잘 견딜 수 있어서 44도의 높은 온도에서도 생활할 수 있어요.

쿼카에게는 몇 년 전부터 웃는 얼굴 때문에 '세상에서 가장 행복한 동물'이라는 별명이 생겼어요. 그래서 한동안 쿼카와 셀카를 찍는 것이 유행했는데요. 쿼카는 사람을 무서워하지 않아서 사람이 다가와도 도망가지 않아요.

하지만 쿼카와 셀카를 찍을 때는
조심해야 해요! 왜냐하면 쿼카를 만지게 되면
170만 원(호주달러로 2,000달러) 정도의
벌금을 내야 하니까요.

다음에 만나볼 동물은 어떤 동물일까요?

사막여우

이 동물의 이름은 사막여우 또는 페넥여우예요.
사막여우는 '어린 왕자'에 등장해서
많은 사람들이 알고 있는 동물이에요.

많은 사랑을 받고 있는 사막여우는 세상에서 제일 작은 여우예요. 작고 귀여운 모습 때문에 사막여우를 좋아하는 사람들을 주위에서 많이 볼 수 있어요.

먹는 것

사막여우는 곤충, 작은 도마뱀, 열매, 뿌리를 잘 먹어요.

곤충

도마뱀

열매

뿌리

사는 곳

사막여우는 물 없이도 오랫동안 생활할 수 있어서 사막에서 잘 살 수 있어요. 사막여우는 작은 덤불 근처에 굴을 파서 지내요.

특징

사막여우는 야행성이어서 밤에 활동해요. 낮에는 보통 굴 속에서 쉬지만, 일광욕을 좋아해서 바깥에서 햇볕을 쬐면서 쉬기도 해요.

사막여우는 한국의 가을 날씨 정도인 20도 이하로 온도가 떨어지면 추워서 몸을 떨어요. 그래서 따뜻한 환경을 만들어 줘야 해요.

사막여우는 커다란 귀를 가지고 있는데요.
커다란 귀는 몸에 있는 뜨거운 열을 밖으로
내보내 줘서 몸을 덜 덥게 해줘요.

사막여우의 털은 사막의 추운 밤과 뜨거운 낮을 견디게 해줘요. 특히 사막여우의 발바닥은 털로 가득해요. 그것은 뜨거운 사막에서 잘 다니기 위해서래요.

사막여우는 영역 표시를 하는데,
개와 마찬가지로 오줌을 싸서 영역 표시를
해요. 또 사막여우는 놀라면 꼬리에서
구린 냄새를 내요. 사막여우를 만나게 되면
놀라지 않게 주의해 주세요!

다음에 만나볼 동물은 어떤 동물일까요?

햄스터

이 동물의 이름은 햄스터예요.
햄스터는 국민 애완동물이에요.

햄스터는 다섯 종류가 있대요.
시리안(골든) 햄스터, 차이니즈 햄스터,
윈터 화이트 햄스터, 캠벨 햄스터,
로보로브스키 햄스터예요. 이 중에서
윈터 화이트 햄스터, 캠벨 햄스터,
로보로브스키 햄스터는 '드워프 햄스터'라고도
불러요.

시리안(골든) 햄스터

차이니즈 햄스터

윈터 화이트 햄스터

캠벨 햄스터

로보로브스키 햄스터

먹는 것

햄스터는 햄스터 사료와 땅콩버터를 잘 먹어요. 하지만 땅콩버터가 입 안에 잘 붙을 수 있어서 조심해서 줘야 해요! 또 햄스터는 초록 잎채소랑 자기 똥도 먹는데요. 좋은 영양소를 주는 초록 잎채소랑 자기 똥은 햄스터를 건강하게 해줘요.

사료

땅콩버터

잎채소

햄스터 똥

사는 곳

오랫동안 애완동물로 살아온 햄스터는 햄스터 집에서 생활하는 것을 좋아해요. 하지만 야생에서 살게 될 경우에는 땅굴을 파서 지내요.

햄스터 집

땅굴

특징

햄스터는 개인주의 동물이에요. 어렸을 때는 친구들이나 형제자매와도 잘 지낼 수 있지만, 계속 같이 살면 스트레스가 많이 생겨서 언젠가는 크게 싸울 수 있어요.

햄스터는 주인의 목소리나 밥 소리를
알아들을 수 있어서 주인 목소리나 밥 소리에
반응하는 것을 자주 볼 수 있어요.

햄스터는 볼 속에 '볼주머니'라는 것이 있어요.
이 볼주머니에 음식들을 보관하는데,
볼주머니가 커지면 얼굴의 2배에서 3배까지도
커진대요. 볼주머니는 햄스터의 어깨까지
늘어날 수도 있어요.

햄스터는 눈이 나쁘고(근시), 색깔을 잘 구별하지 못 해요(색맹). 눈이 나쁜 탓에 거리 감각이 없어서 높은 곳에서 쉽게 떨어질 수 있어요. 햄스터는 유연해서 높은 곳에서 떨어져도 크게 다치지 않을 수도 있지만, 뼈가 약해서 떨어질 때 뼈가 부러질 수도 있어요. 그래서 높은 곳에서 떨어지지 않도록 신경써 줘야 해요.

그리고 햄스터의 날카로운 이는 평생 자라기 때문에 이갈이를 잘 할 수 있도록 도와줘야 해요.

햄스터는 추운 겨울을 대비하기 위해서 가을이 되면 스스로 몸무게를 줄여요. 그래서 겨울이 되었을 때 햄스터의 살이 빠져 있어도 너무 걱정하지 않아도 돼요.

하지만 햄스터의 살이 너무 많이 빠졌다면 건강에 문제가 있을 수 있어서 2~3달에 한 번씩 몸무게를 재서 건강을 확인해주는 것이 필요해요. 동물사전에 적혀 있는 햄스터들의 적당한 몸무게를 참고해 주세요!

다음에 만나볼 동물은 어떤 동물일까요?

흰머리오목눈이

이 동물의 이름은 흰머리오목눈이예요.
흰머리오목눈이는 솜뭉치 같아요.

흰머리오목눈이가 뱁새와 비슷하게 생겨서
많은 사람들이 뱁새로 알고 있지만, 사실
뱁새와 흰머리오목눈이는 다른 종류의 새예요.
뱁새의 다른 이름은 '붉은머리오목눈이'인데,
붉은머리오목눈이랑 흰머리오목눈이는
같은 종류가 아니라 먼 친척 관계예요.

뱁새(붉은머리오목눈이)

먹는 것

흰머리오목눈이는 나방과 나비의 알이나 애벌레, 씨앗 그리고 단풍나무 수액 먹는 것을 좋아해요.

나방 알

씨앗

단풍나무 수액

사는 곳

흰머리오목눈이는 유럽, 시베리아 그리고 한국과 일본에서 볼 수 있어요.
흰머리오목눈이는 겨울철에 볼 수 있는데 매우 드물고 불규칙하게 발견돼요.

흰머리오목눈이는 나뭇가지에 둥지를 만들어서 살아요. 오목눈이들은 이끼, 깃털, 거미알 껍질로 둥지를 만든대요. 흰머리오목눈이는 주로 나무 위에서 생활하고, 땅 위에는 물을 먹을 때 빼고는 거의 내려오지 않아요.

깃털

이끼

거미알 껍질

특징

한국에서 발견되는 흰머리오목눈이는 몸이 작고, 동그랗고, 하얘요.
그리고 이름처럼 머리털도 새하얘서 마치 솜뭉치를 보는 것 같아요.

또 하나 흰머리오목눈이는 꼬리가 긴 것이 특징이에요. 그래서 영어 이름인 'White-headed long-tailed tit'에도 꼬리가 길다는 뜻이 담겨 있어요.

다음에 만나볼 동물은 어떤 동물일까요?

카피바라

이 동물의 이름은 카피바라예요.
카피바라는 친화력 왕이래요.
다른 동물들과도 사이좋게 지내는 모습을 보면
기분이 좋아져요.

먹는 것

카피바라가 좋아하는 음식은 과일, 나뭇가지, 풀, 그리고 자기 똥이에요. 카피바라의 똥은 카피바라가 소화를 더 잘할 수 있게 도와주고, 단백질과 비타민을 보충해줘요.

과일

나뭇가지

카피바라 똥

풀

사는 곳

카피바라는 남아메리카 일부 지역에 살아요. 카피바라는 숲이나 사바나에 살고, 물 근처에서 살아요.

특징

카피바라는 모여 사는 것을 좋아해서 10마리에서 20마리 정도 모여서 살지만, 음식을 구하기 힘든 겨울에는 100마리씩 모여 사는 경우도 있어요.

카피바라는 세상에서 가장 큰 설치류예요. 다른 설치류처럼 이가 평생 자라서 물에 사는 수초나 풀을 갉아 먹는대요. 카피바라가 다 크면 한국의 초등학생 3학년 평균 키(130cm)만큼 자랄 수 있어요. 그리고 카피바라는 66kg까지 몸무게가 늘어날 수 있어요.

카피바라는 특별한 발을 가지고 있어요.
카피바라의 발가락에는 부분적으로 물갈퀴가 있어서 수영을 잘할 수 있어요.
그래서 카피바라는 뛰어난 수영선수로 알려져 있어요.

카피바라는 물 속에서 숨을 5분 동안이나 참을 수 있어요. 물 밖이 위험하다고 느껴지면 코만 물 밖에 내민 상태로 물 속에서 잠을 자기도 해요. 그리고 카피바라는 위험할 때 개가 짖는다고 착각할 정도로 비슷한 소리를 낸대요.

숨 참기

소리내기

잠자기

다음에 만나볼 동물은 어떤 동물일까요?

레서판다

이 동물의 이름은 레서판다예요.
레서판다는 대나무를 좋아해요.

우리가 알고 있는 판다 곰(자이언트판다)과는
큰 관련이 없지만, 판다라는 이름이 붙은
이유는 대나무를 좋아해서 그런 거래요.
판다는 '대나무를 먹는'이라는 뜻을
가지고 있는 네팔 말인 '니갈리아 포냐'에서
유래가 되었대요.

대나무

먹는 것

레서판다가 좋아하는 음식은 대나무, 오디, 버섯 그리고 도토리예요. 그 중에서도 대나무를 제일 좋아해요.

대나무

오디

버섯

도토리

사는 곳

레서판다는 히말라야산맥과 네팔과 중국의 산기슭에 살아요. 레서판다는 대나무가 많은 곳에서 주로 지내요. 레서판다는 부끄럼쟁이여서 혼자 사는 것을 좋아하고, 주로 밤이랑 새벽에 많이 활동해요. 레서판다는 나뭇가지 위에서 잠을 자는 것을 좋아해요.

특징

레서판다는 두 발로 10초 동안 서 있을 수 있어요. 그리고 고양이처럼 발바닥을 핥은 후에 발바닥으로 털을 깨끗하게 해요.
레서판다는 야생에서 8살까지 살 수 있대요.

서있기

발바닥 핥기

다음에 만나볼 동물은 어떤 동물일까요?

황제펭귄

이 동물의 이름은 황제펭귄이예요.
황제펭귄은 남극의 다이빙 선수예요.

황제펭귄은 펭귄 중에서 제일 크고, 또 제일 무거워요. 황제펭귄은 새이지만 슬프게도 하늘을 날지 못해요. 대신 바다 속에서는 누구보다 자유롭게 헤엄쳐 다닐 수 있어요.

먹는 것

황제펭귄이 좋아하는 음식은 물고기, 크릴새우 그리고 오징어예요.

사는 곳

황제펭귄은 남극에만 살아요.

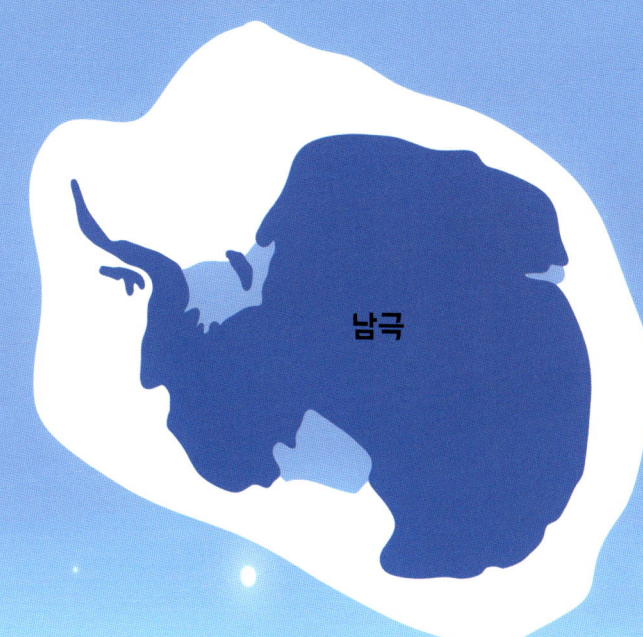

특징

남극은 기온이 영하 40도까지 내려가고 매우 강한 바람(144km/h)이 부는 곳이어서 살아가기 무척 힘들어요. 그래서 이 친구들은 바람을 막아주는 얼음 절벽이나 빙산 근처에 살고, 서로를 따뜻하게 해주기 위해서 모여 살아요.

여러분 알고 계셨나요? 황제펭귄은
바다 속 500m 깊이까지 잠수할 수 있대요.
서울에 있는 롯데월드 타워가 555m이니깐
황제펭귄은 바다 속에서 롯데월드 타워
높이만큼 깊게 들어갈 수 있어요.

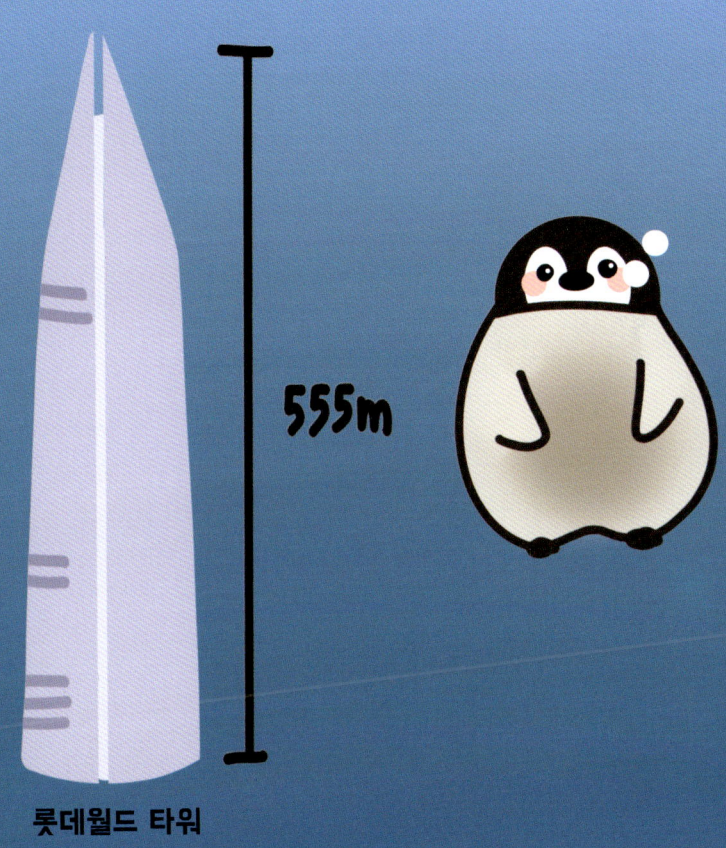

555m

롯데월드 타워

엄마 황제펭귄이 알을 낳으면 아빠 황제펭귄이 2달 동안 알을 발 위에 있는 주머니 속에 품는대요. 아빠는 알을 품는 동안에 아무것도 못 먹고 추위를 견디면서 지내요. 이 과정에서 아빠 펭귄은 몸무게가 12kg이 빠져요.

그 사이에 알을 낳느라 고생한 엄마 펭귄은 바다로 가서 먹이를 먹고, 아기 펭귄을 위해 먹이를 구해 와요. 이후에 엄마 아빠가 서로 돌아가면서 아기 펭귄을 돌보고 먹이를 구하러 바다로 가요.

마음이 따뜻한 황제펭귄들은 지구가 아프면서
(지구온난화) 점점 사라지고 있어요.
황제펭귄들이 살 수 있는 장소가 줄어들고,
먹을 수 있는 음식이 줄어들고 있어요.
오늘 하루 지구를 위해, 그리고 황제펭귄을
위해 우리가 실천할 수 있는 일들을 생각해보는
시간을 가져보면 어떨까요?

다음에 만나볼 동물은 어떤 동물일까요?

줄무늬다람쥐

이 동물의 이름은 줄무늬다람쥐예요. 한국에서 자주 볼 수 있는 줄무늬다람쥐는 통통한 볼과 동그란 눈 때문에 사람들이 귀여워하는 동물이에요.

먹는 것

줄무늬다람쥐는 잡식 동물이에요. 줄무늬다람쥐는 곤충, 견과류, 과일, 씨앗 등 다양한 음식을 먹어요.

곤충

견과류

과일

씨앗

사는 곳

줄무늬다람쥐는 북아메리카, 유럽 그리고 아시아에 살아요.

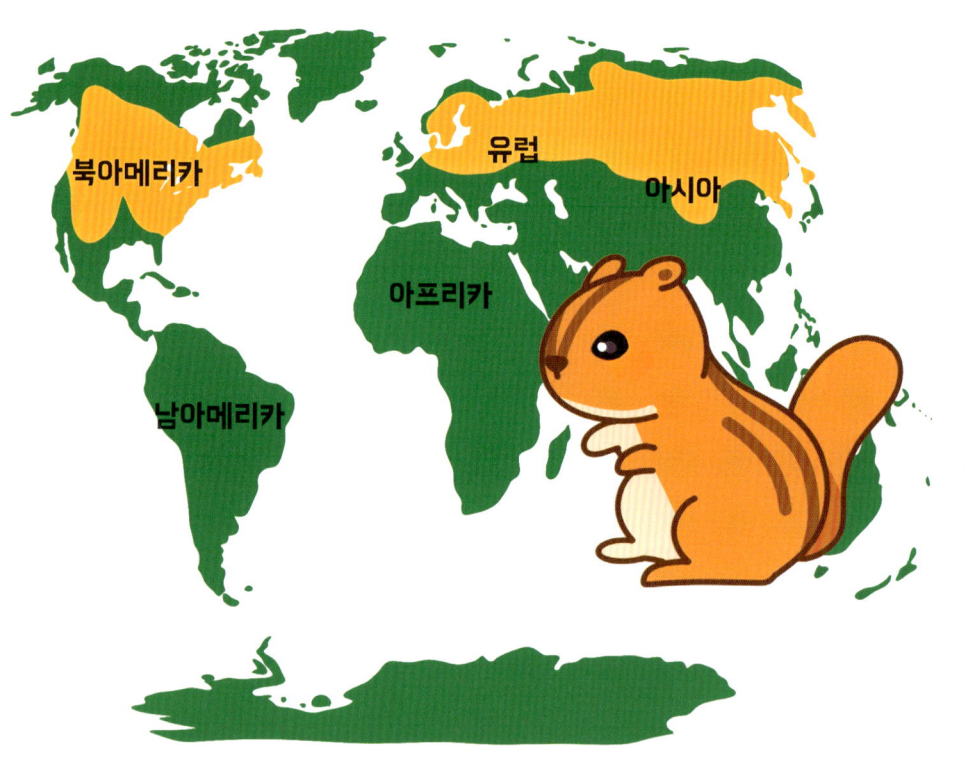

줄무늬다람쥐는 땅속에 굴을 파서 살기도 하고,
덤불이나 통나무에서도 살아요.

땅속 굴

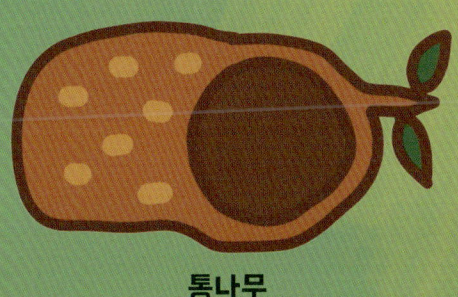

통나무

특징

줄무늬다람쥐는 잠을 보통 하루에 15시간 자요. 초등학생들은 9시간에서 12시간 정도 자는 것이 필요하대요. 그런데 줄무늬다람쥐는 그것보다 더 많은 15시간을 잔다니 정말 많이 자죠?

줄무늬다람쥐는 겨울잠을 자요. 줄무늬다람쥐 한 마리는 하루에 도토리 165개를 모을 수 있다고 해요. 그리고 이틀 안에 겨울잠을 잘 때 필요한 음식을 모두 모을 수 있대요.
그런데 줄무늬다람쥐는 자기가 필요한 음식보다 더 많이 모으기도 한대요.

줄무늬다람쥐는 수영을 할 수도 있대요. 운이
좋으면 줄무늬다람쥐가 헤엄치면서 강을
건너는 모습을 볼 수 있어요. 줄무늬다람쥐는
혼자 사는 것을 좋아해서 평상시에는
친구들에게 관심을 보이지 않아요.
하지만 봄에는 친구들에게 소리를 내면서
관심을 보이기도 한대요.

수영하기

관심 갖기

다음에 만나볼 동물은 어떤 동물일까요?

하프물범

이 동물의 이름은 하프물범이에요.
하프물범은 귀엽게 생기고 흰색 털이 예뻐서
사람들이 좋아하는 동물이에요.

먹는 것

하프물범은 열빙어, 북극대구와 같은 물고기랑 크릴새우와 같은 갑각류를 먹는 것을 좋아해요.

열빙어

북극대구

크릴새우

사는 곳

하프물범은 북대서양과 북극해에 살아요.

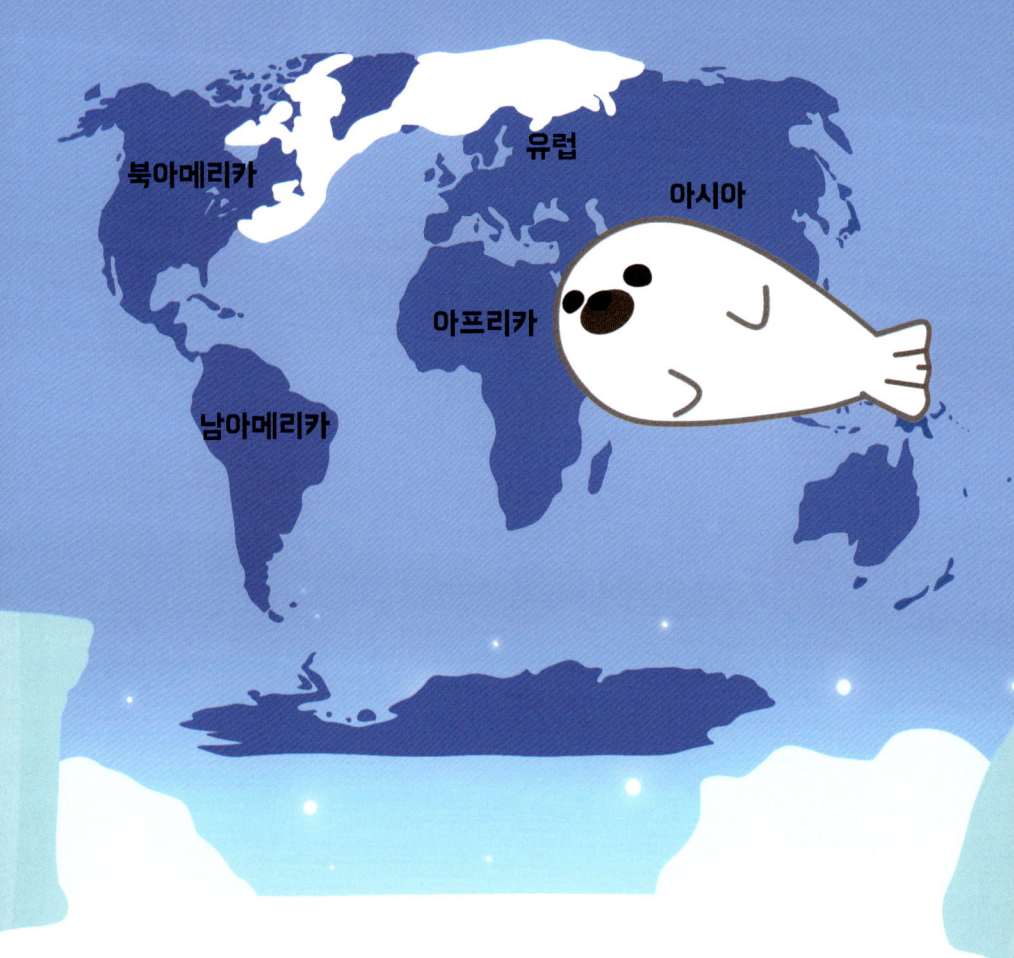

특징

하프물범은 물밖에서 시간을 보내는 것보다 물속에서 시간 보내는 것을 더 좋아한대요. 여러분은 물속에서 몇 분 동안 잠수할 수 있나요? 하프물범은 물속에서 15분까지 잠수할 수 있대요.

다 자란 하프물범은 등 뒤에 하프 모양처럼
생긴 검은색 무늬가 있어요.
그래서 하프물범으로 이름이 지어졌대요.

하프물범은 자기 아기를 냄새를 맡아서
구분할 수 있어요. 그리고 아기 하프물범은
태어날 때 추운 바다를 견딜 수 있는 지방을
안 가지고 태어난대요. 하지만 크면서 금방
지방이 생겨 추운 바다 속을 수영할 수 있어요.

하프물범은 아기를 물속에서 못 낳고 얼음 위에서 낳아야 한대요. 그런데 지구온난화 때문에 지구가 점점 뜨거워지면서 엄마 하프물범이 아기 하프물범을 낳을 수 있는 얼음이 사라지고 있어요. 하프물범이 아기를 낳을 수 있도록 우리 지구를 지킬 수 있는 방법을 한 번 고민해보면 어떨까요?

다음에 만나볼 동물은 어떤 동물일까요?

라쿤

이 동물의 이름은 라쿤이에요.
라쿤은 무엇이든 잘 먹는 동물이에요.

먹는 것

라쿤은 거의 모든 것을 먹어요. 그래서 도시의 쓰레기통에 있는 먹다 남은 음식을 먹기도 해요. 라쿤은 거의 모든 것을 먹지만, 그 중에서도 과일, 씨앗, 견과류, 새알을 먹는 것을 좋아해요. 또 물고기와 개구리를 먹는 것도 좋아해요.

쓰레기통에 있는 음식을 먹어서 라쿤이 조금 지저분한 동물처럼 느껴지지만, 사실 라쿤은 생각보다 깨끗한 동물이에요. 라쿤은 음식을 강물에 씻어서 먹기도 하고, 자주 가는 장소에 화장실을 만들기도 해요.

쓰레기통

씻기

화장실

사는 곳

라쿤은 아메리카 대륙과 아시아 일부 지역에 살아요.

라쿤은 숲, 습지, 초원, 그리고 도시에서 발견할 수 있어요. 라쿤은 나무 구멍이나 통나무에 살고, 심지어 집의 다락방에 살기도 한대요.

통나무

나무 구멍

집의 다락방

특징

라쿤은 사람보다 빨라요. 사람의 평균 달리기 속도가 13km/h인데 라쿤은 24km/h를 달릴 수 있어요. 라쿤은 사람보다 거의 2배 가까이 빠른 동물이에요.

야구 선수들의 눈 밑에 있는 검은 스티커를 본 적이 있나요? 검은 색에는 빛을 흡수하는 성질이 있어서 눈 밑에 붙이면 눈이 부신 것을 막아준대요. 어떤 사람들은 라쿤의 얼굴에 있는 검은 가면이 눈부심을 줄여주고, 밤에 더 잘 볼 수 있게 해준다고 해요.

야구 선수

다음에 만나볼 동물은 어떤 동물일까요?

프레리독

이 동물의 이름은 프레리독이에요.
프레리독은 가족을 좋아하는 동물이에요.

프레리독은 개가 짖는 소리랑 비슷한 소리를 내다고 해서 프레리'독(dog)'이라는 이름을 얻었어요. 하지만 프레리독은 개와 친척이 아니라 다람쥐와 친척이에요.

다람쥐

먹는 것

프레리독은 풀, 씨앗, 과일, 뿌리를 먹어요.

사는 곳

프레리독은 북아메리카에서만 야생으로 살아요.

특징

프레리독은 땅굴을 파서 가족들이랑 모여서 살아요. 프레리독은 날카로운 발톱이 있어서 땅굴을 잘 파요. 땅굴 안에는 어린 프레리독을 키우는 곳, 자는 곳 그리고 심지어 화장실도 만들어 놓는대요.

프레리독은 가족들이랑 모여서 지내는데
서로 음식을 나눠 먹고, 서로를 손질해주고,
코와 코를 비비며 서로를 환영해주기도 한대요.

프레리독은 눈과 귀가 발달되어 있어서
포식자로부터 재빨리 도망갈 수 있어요.
그리고 다른 프레리독들에게 소리를 내며
위험하다는 것을 알려준대요.
그런데 어떤 포식자인지에 따라서 다른 소리를
낸다고 하니 정말 신기하죠?

소리내기   도망가기

다음에 만나볼 동물은 어떤 동물일까요?

기니피그

이 동물의 이름은 기니피그예요.
친구를 좋아하는 동물이에요.

기니피그의 이름에 대해서는 여러 가지 이야기가 있지만, 기니피그는 기니에 사는 동물도 아니고 돼지도 아니예요.

기니

돼지

먹는 것

기니피그는 건초로 만든 사료를 먹고, 케일, 당근, 바나나, 사과, 블루베리 등 과일과 채소를 먹는 것을 좋아해요.

사료

케일

당근

사과

바나나

블루베리

사는 곳

기니피그는 남아메리카에서만 야생으로 발견되었다고 해요. 하지만 지금 우리가 알고 있는 기니피그는 야생에서 더 이상 발견할 수 없고, 전세계에서 애완동물로 키워지고 있어요.

남아메리카

특징

기니피그는 친구들이랑 같이 지내는 것을 좋아하고, 사람도 좋아한대요.

기니피그는 햄스터처럼 이가 계속 자라서
이갈이를 잘 할 수 있도록 도와줘야 해요.

기니피그는 똥을 하루에 100번까지 쌀 수 있어요. 그래서 기니피그를 키우게 된다면 기니피그의 집을 자주 확인하고 깨끗하게 청소해 줘야 해요.

다음에 만나볼 동물은 어떤 동물일까요?

대륙하늘다람쥐

이 동물의 이름은 대륙하늘다람쥐예요. 하얀 털과 동그란 눈 때문에 많은 사람들이 대륙하늘다람쥐의 매력에 빠졌어요.

먹는 것

대륙하늘다람쥐는 열매, 씨앗, 견과류, 솔방울을 먹어요.

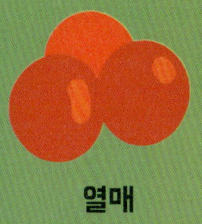
열매

씨앗

견과류

솔방울

사는 곳

대륙하늘다람쥐는 주로 시베리아와 일본 북쪽 지역에 살아요.

대륙하늘다람쥐는 자연적으로 생긴 나무 구멍이나 딱따구리가 만든 구멍에서 지내요. 대륙하늘다람쥐는 모여 사는 것을 좋아해서 하나의 나무에서 여러 마리를 동시에 발견할 수 있어요.

특징

대륙하늘다람쥐는 야행성이에요. 그래서 주로 밤에 활동하지만, 가끔씩은 낮에도 발견할 수 있어요. 대륙하늘다람쥐는 옆구리에 날개처럼 사용할 수 있는 비막이 있어서 이 나무에서 저 나무로 날아다닐 수 있어요.

다음에 만나볼 동물은 어떤 동물일까요?

고슴도치

이 동물의 이름은 고슴도치예요.
고슴도치는 뾰족한 가시를 가진 동물이에요.

먹는 것

고슴도치는 곤충, 지렁이, 지네, 달팽이 등을 먹는 것을 좋아해요.

곤충

지네

지렁이

달팽이

사는 곳

고슴도치는 유럽과 아시아, 그리고 아프리카에 살아요.

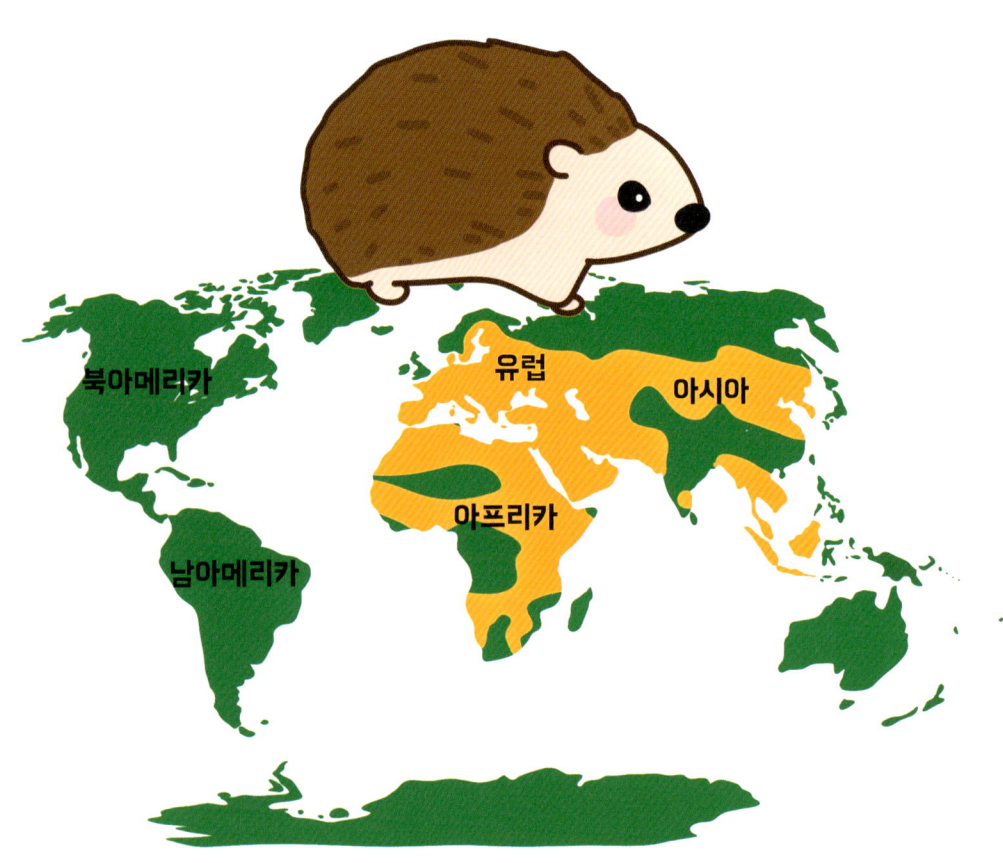

어떤 고슴도치는 사막에 살고, 어떤 고슴도치는 숲이나 초원에 살아요. 고슴도치는 주로 땅에서 생활하지만, 꽤나 수영을 잘하기도 하고, 나무를 오를 수도 있어요.

고슴도치는 시력이 약해요. 그래서 냄새나 소리를 통해서 먹이를 찾아요.

고슴도치는 뾰족한 가시를 가지고 있어서 잘 때나 위험을 만났을 때 자신의 가시를 세워서 몸을 보호해요.

고슴도치의 가시가 처음부터 뾰족한 건 아니에요. 고슴도치는 태어났을 때 가시가 짧고 부드러워요. 하지만 고슴도치가 자라면서 가시가 점점 단단해지고 뾰족해지고 길어져요.

그러면 이제 테리와 함께
귀여운 동물 친구들을 따라 그려 볼까요?

친칠라

벌새

쿼카

사막여우

햄스터

흰머리오목눈이

카피바라

레서판다

황제펭귄

줄무늬다람쥐

하프물범

라쿤

프레리독

기니피그

대륙하늘다람쥐

고슴도치

테리의 귀여운 동물 친구들 모두 모여라!

목차

 친칠라 _ 4

 벌새 _ 10

 쿼카 _ 18

 사막여우 _ 26

 햄스터 _ 36

 흰머리오목눈이 _ 48

 카피바라 _ 56

 레서판다 _ 64

 황제펭귄 _ 70

 줄무늬다람쥐 _ 80

 하프물범 _ 88

 라쿤 _ 96

 프레리독 _ 104

 기니피그 _ 112

 대륙하늘다람쥐 _ 120

 고슴도치 _ 126

권태양 작가는 어릴 적부터 동물을 무척이나 좋아했습니다. 그리고 아이들과 행복하게 지내고 싶어서 명지대학교 아동학과에 진학했습니다. 졸업 이후에는 서울대 어린이집에서 교사로 있기도 했습니다.

권아영 그림작가 역시 어릴 적부터 동물을 좋아해서 동물 그림을 많이 그리며 성장했습니다. 프랜서 그림작가로 활동하고 있으며, 북랩에서 출판된 시집인『어제보다 오늘 더 사랑합니다』『오늘보다 내일 더 사랑할게요』그리고 다모아뮤직에서 출판된 음악책인『리라에 빠지다 1,2』『텅드럼에 빠지다』등의 책 삽화 작업을 했습니다.

▶ 본 책은 네이버 나눔 명조체, 배달의 민족 한나체 Pro, 상상토끼 꽃길체를 사용했습니다.

▶ **나임**은 히브리어로 '기쁜, 즐거운'이라는 뜻입니다.

테리의 귀여운 동물사전
펴낸날 초판 1쇄 2024년 2월 1일
지은이 권태양
그린이 권아영
펴낸이 조희경
편집과 디자인 조희경
펴낸곳 도서출판나임
주소 안양시 동안구 관악대로 106번길 53, 107-302
팩스 031-387-3557
전자우편 naimbooks@naver.com
등록번호 제385-2019-000045호
ISBN 979-11-976564-2-2 (77490)
가격 15,000원
ⓒ 2024 by naimbooks

▶ 이 책의 저작권은 도서출판나임에 있습니다.
▶ 저작권법에 의해 보호를 받는 저작물이므로 무단복제 및 무단전재를 금합니다.
▶ 잘못된 책은 판매처에서 교환해 드립니다.